the

# SPECIMEN

DES

# NOUVEAUX CARACTÈRES

DE LA FONDERIE ET DE L'IMPRIMERIE

DE P. DIDOT, L'AINÉ,

CHEVALIER DE L'ORDRE ROYAL DE SAINT-MICHEL,

IMPRIMEUR DU ROI ET DE LA CHAMBRE DES PAIRS,

DÉDIÉ

À JULES DIDOT, FILS,

CHEVALIER DE LA LÉGION D'HONNEUR.

À PARIS,

CHEZ P. DIDOT, L'AINÉ, ET JULES DIDOT, FILS,

RUE DU PONT DE LODI, N° 6.

MDCCCXIX.

# *AVIS.*

*J'ai dû suivre et adopter l'ordre numérique pour la dénomination de mes caractères, au lieu des noms insignifiants et souvent bizarres conservés encore aujourd'hui dans presque toutes les imprimeries, tels que Perle, Parisienne, Nompareille, Mignonne, Petit texte, Gaillarde, Petit romain, Philosophie, Cicéro, Saint Augustin, etc., lesquels n'offrent aucune idée de leurs proportions particulières ni de leur corrélation, qui en effet existe rarement entre eux d'une manière exacte.*

*Cet ordre numérique, le seul vraiment convenable, a été ainsi établi par mon père; et le nom de chacun de ses caractères particuliers en présentoit à-la-fois le signalement. Il a donc donné à celui qu'il a voulu prendre pour point de départ, et qui répond à peu près au petit caractère connu dans les imprimeries sous la dénomination de Nompareille, une proportion fixe et invariable, la ligne de pied-de-roi. Il l'a nommé le six, parceque le corps de ce caractère contient six points, ou six sixièmes de ligne. Le sixième de ligne, ou le point, est la plus petite partie qu'il soit possible de fondre, soit comme espace entre les mots, soit comme interligne. Ainsi donc le six comprend dans son corps, c'est-à-dire avec les lettres longues d'en haut et d'en bas, telles que* b, p, *etc. (ou simplement la lettre* j, *dont le point et la queue complètent la dimension totale); le corps six, dis-je, comprend une ligne juste de pied-de-roi: le sept comprend une ligne, plus un sixième de ligne, ou sept points, etc.*

*A ces dimensions établies j'ai ajouté des corps intermédiaires, ou demi-points, afin d'obtenir et de présenter plus de richesse et de variété dans les proportions des différents corps; et par là, du six au douze, j'ai augmenté de six le nombre de mes caractères. Leur progression graduelle est ainsi d'un demi-point seulement, ou d'un douzième de ligne; et ce douzième de ligne dans toute l'étendue du corps n'augmente que d'un trente-deuxième de ligne environ la grosseur la plus apparente dans chaque caractère, je veux dire celle des lettres médiales, telles que* i, m, n, u, r, *etc. Il est impossible d'établir des nuances moins sensibles entre les corps différents. Au-delà il n'y auroit plus que confusion, et mélange inévitable dans les caractères d'une imprimerie.*

*Tous ceux-ci ont été gravés sous mes yeux, d'après les modèles que j'ai fixés généralement pour les différents types, et les changements particuliers que j'ai fait subir à quelques uns d'entre eux, notamment au* g, *et à l'*y. *Depuis environ dix années consécutives, pendant lesquelles j'ai employé assez régulièrement à peu près trois heures par jour à ce travail avec M. Vibert, actuellement sans doute l'un de nos plus habiles graveurs en lettres, ou poinçons, mes retouches les plus multipliées, mes indications les plus minutieuses, peut-être même mes caprices de perfectionnement, qui souvent m'ont porté à recommencer deux ou trois fois les mêmes types, n'ont pu refroidir son zèle, ni me laisser entrevoir le terme de sa patience.*

*S'il est vrai que dans les arts industriels il existe un point où il faut s'arrêter, je ne pense pas y être parvenu. Aussi me proposé-je de rectifier successivement plusieurs types qui me paroissent susceptibles d'amendement: et les corrections enfin que je n'aurai pas su faire n'échapperont pas au goût sûr et déja exercé de mon fils, aujourd'hui mon associé, dans peu d'années mon successeur.*

# LE QUATRE ET DEMI.

## À MON FILS.

C'est pour toi, Jules, mon cher fils,
Que je commençai cet ouvrage;
C'est pour toi que je le finis:
Ces types, enfin réunis,
Sont désormais à ton usage.
Tu les vis, tendant par degré,
Depuis leur ébauche première,
Vers ce point toujours desiré
Qu'on entrevoit, qu'on n'atteint guère,
S'embellir, du moins à ton gré,
D'une forme assez régulière.
Dans ce travail minutieux,
Et de fait, comme en apparence,
Monotone, fastidieux,
Toutefois à l'œil curieux
Moins indifférent qu'on ne pense,
Tu me plaignois de ma constance.
Ah! plutôt félicite-moi;
Durant la fleur de ton jeune âge
Je me suis captivé pour toi;
De mon temps quel plus doux emploi!
J'y croyois voir ton avantage.
Ils te seront donc précieux,
Comme un fruit de ma patience:
Sans doute ils pourroient être mieux;
Mais voilà toute ma science.
Si pourtant, à force d'essais,
De soins et de persévérance,
Dans l'art qui me plut dès l'enfance
Je pus avoir quelque succès,
Tu dois en obtenir quelque autre.
Mon fils, ne te rebute pas,
Et tu sauras marquer ton pas
Plus loin que n'a porté le nôtre.
L'amour-propre, qui sottement
S'applaudit et se félicite,
L'amour-propre, sans fondement,
Bien qu'appuyé sur le mérite,
D'un art utile, ou d'agrément,
Se persuade vainement
Qu'il a su fixer la limite.
Non: le goût s'épure toujours,
Et sa recherche est infinie.
D'un fleuve arrête-t-on le cours?
Met-on des bornes au génie?
Celles de l'art que je chéris,
Qu'à d'autres pour toi je préfère,
Que tu connois, que tu choisis,
Tu les reculeras, j'espère;
D'avance je m'en applaudis.
Je te devrai, je le prédis,
L'éclat du sort le plus prospère;
Les heureux succès d'un bon fils
Comblent le bonheur d'un bon père.

Pierre Didot, l'aîné.

# LE SIX.

*Nompareille.*

## AU LECTEUR.

J'aurois bien pu, selon l'usage,
Répétant le même passage,
Ou le tronquant à tout propos,
A l'aide de quinze ou vingt mots,
Composer une vaste page
A tes yeux offrant, par étage,
De mes caractères nouveaux,
Petits, moyens, plus ou moins gros,
Le simple et complet assemblage:
Et peut-être eût-ce été plus sage
Que d'offrir ces types divers
Chargés d'un choix de quelques vers
Qu'à ma muse assez paresseuse
L'occasion seule a dictés,
Et qu'ici, pour toi moins heureuse,
L'occasion a présentés
Sous cette apparence trompeuse.
Y seront-ils en sûreté?
J'avouerai que pour leur défense
Sur ta faveur j'avois compté;
J'en usurpois la jouissance:
C'est un éclair de vanité
Qui fit à mon œil enchanté
Briller cette frêle assurance.
Mais au jour de la vérité,
Sous une réelle apparence,
Je vois un nombre illimité
D'écrits d'assez peu d'importance
Dont on offre à ta patience
L'orgueilleuse futilité;
Je vois que par mon imprudence
Ce nombre est encore augmenté;
Ai-je droit à plus d'indulgence?
Non, cher lecteur, en conscience,
Tu n'es pas assez respecté,
Et ton dédain très usité
Convient à ton expérience.
Mais enfin tout est compensé;
Ton rôle est assez beau, je pense:
Devant toi l'orgueil abaissé
Cherche à capter ta bienveillance,
Et cede à ton autorité.
Juge et souverain redouté,
Tu tiens le sceptre et la balance.
Tu peux louer, dans ta clémence;
Blâmer, dans ta sévérité.
Un peu loin parfois emporté,
Tu sais, sans nulle déférence,
Exerçant ta malignité,
Et ta mémoire et ta vengeance,
Armé d'un débit affecté,
Châtier, selon l'occurrence,
L'audace, la témérité,
Ou la rudesse et l'âpreté
De ces vers bouffis d'arrogance
Où l'enflure et l'extravagance
Ont mis l'intérêt de côté,
Où le goût est peu consulté,
D'où la raison souvent s'absente,
Où l'on cherche en vain la clarté,
L'éloquente simplicité,
La grace, naïve et touchante.
Oui, sur cet amas rebuté
De poétique impertinence
Quand ton jugement est porté,
L'appel à la postérité
Laisse, hélas! bien peu d'espérance.
Rapidement le temps s'avance;
C'en est fait, leur sort est rempli;
Le temps, confirmant ta sentence,
Les plonge avec indifférence
Dans l'immense fleuve d'oubli.

P. D.

# LE SIX ET DEMI.

## À MADAME A. M**.

Vous qui joignez à la gaicté
Certain fonds de mélancolie,
En qui, par un secret traité,
Tout plaît, tout contraste et s'allie,
Le calme, la vivacité,
Et la malice et la bonté,
Et la raison et la folie;
D'un défaut, d'une qualité,
Vous également embellie,
Dont l'esprit, par mainte saillie,
Avec aisance et liberté
Se porte à tout, à tout se plie,
Et n'a jamais rien d'apprêté;
Vous, piquante d'espiéglerie,
Riche de sensibilité,
De graces, de naïveté,
De tous les dons qu'on apprécie,
Et, sans en être enorgueillie,
Assez aimable, assez jolie
Pour braver même la beauté,
Adèle, à mon œil enchanté
Je ne sais par quelle magie
S'offre encore un plus beau côté,
Qui du moins peut être vanté
Sans crainte d'éveiller l'envie,
Sans blesser votre modestie,
Sans atteindre à la vérité:
D'un fonds riche en totalité
Quelle intéressante partie!
Quel charme qu'une douce amie,
Une épouse ayant mérité
D'être aussi tendrement chérie,
Une mère avec volupté
Des soins de la maternité
Goûtant la douceur infinie,
Sans s'épargner leur âpreté;
Qui dans ces soins se multiplie,
Le dirai-je? se sacrifie,
Et jour et nuit veille attendrie
Près de l'enfant qu'elle a porté,
Tendre fleur trop souvent flétrie!
Adèle, j'ai bien consulté,
Ecoutez-moi, je vous supplie:
Adèle, il y va de la vie,
Ménagez mieux votre santé;
C'est sur ce point, sans flatterie,
Qu'on vous a par-tout contesté
Le renom de femme accomplie.

P. D.

# LE SEPT.

*Mignonne.*

## LE SIGNALEMENT D'ÉMILIE H**.

Nez petit, bouche très jolie,
Sourcils châtain clair, où l'Amour,
Méditant quelque espiéglerie,
De son arc avec symétrie
Traça la forme et le contour.
Front calme, animé tour-à-tour,
Front charmant, dont l'aspect varie,
Doux symbole, image chérie
D'un cœur naïf et sans détour.
Ainsi l'aube aux portes du jour
En rougissant s'est embellie;
Tel le zéphyr dans la prairie,
Errant sur leur tige fleurie,
Tour-à-tour à nos yeux surpris
Cache la rose sous les lis,
La découvre à sa fantaisie.
Mais laissons à la poésie
Son agréable fiction;
Point d'art, point de prétention,
Soyons fidèles. Pied mignon,
Joli bras, œil vif et fripon,
Taille élégamment arrondie,
Moyenne, et faite de façon,
Sous longue robe, ou court jupon,
Qu'elle plaît en chaque partie,
Depuis les pieds jusqu'au menton.
Air étranger à la folie,
Étranger à la pruderie,
Qui tient à-la-fois de Junon,
Et, pour les citer par leur nom,
D'Euphrosine, Aglaé, Thalie.
Age que chérit Cupidon,
Que le blond Hymen apprécie,
Le plus bel âge de la vie,
Où d'aimer s'ouvre la saison.
Gaicté, gentillesse, bon ton,
Doux sourire, aimable abandon,
Voix touchante, grace infinie;
Tel est, avec rime et raison,
Le signalement d'Émilie.

### ENVOI.

*Heureux le jeune et tendre amant*
*Qui, conduit par le sentiment*
*Dans la recherche d'une amie,*
*Et d'un hymen de sympathie*
*Voulant former le nœud charmant,*
*Digne d'un tel enchantement,*
*Aura su toucher Émilie,*
*Et, fier de son consentement,*
*Prononcera le doux serment*
*De l'adorer toute la vie!*

P. D.

# LE SEPT ET DEMI.

*Petit Textes*

## À M. DE M***.

Époux d'une femme charmante,
Dont seul tu possèdes le cœur;
Toi qui la vois, pour ton bonheur,
Trois fois mère, et toujours amante;
Toi qui, regardant en pitié
Et l'ambition et l'envie,
Sais dans les soins de l'amitié
Trouver les plaisirs de la vie;
Cher M***, tu dois saisir
L'occasion qui se présente;
Oui, tu dois remplir mon attente;
Sais-tu refuser un plaisir?
Écoute, je voudrois offrir
Par tes mains ce petit volume
À la personne dont ma plume
Va te griffonner le portrait.
Ce ne sera qu'un simple trait,
Indice de la ressemblance,
Et tant bien que mal arrêté;
Mais, malgré son insuffisance,
Tu l'y reconnoîtras, je pense,
Sans la moindre difficulté.
Comme sur ton habileté,
Je dois compter sur ta prudence;
N'offre qu'aux yeux de l'indulgence
Ce portrait avec confiance
À mon souvenir emprunté,
Flatteur peut-être en apparence,
Mais loin, bien loin d'être flatté.
C'est la plus touchante Beauté,
Tout-à-la-fois sensible et sage;
Elle a les traits de la bonté,
Un doux sourire, un doux langage.
La raison, l'esprit, la gaieté,
Les talents, voilà son partage;
Et l'hymen dont le nœud l'engage
Fait toute sa félicité.
Elle a de plus en apanage
Des Graces la légèreté,
Leur aimable naïveté,
Et leur innocent badinage.
Qui la voit en est enchanté;
Qui la connoît l'est davantage:
Un air noble, exempt de fierté,
Et modeste avec dignité,
Sait imposer sur son passage
Ce respect, ce discret hommage,
Ce tribut du cœur agité,
Que commandoit, dans un autre âge,
L'aspect d'une divinité.

P. D.

# LE HUIT,

un peu foible et resserré, particulièrement destiné à la poésie, dans l'in-18.

---

## À UN AMI

QUI M'AVOIT ADRESSÉ LE MANUSCRIT D'UN AUTEUR
DE QUELQUES POÉSIES ÉROTIQUES.

Tu me parois bien empressé
De savoir ce que j'ai pensé
D'un manuscrit que sans malice
Tu m'auras peut-être adressé:
Qu'ainsi le ciel te soit propice!
À te parler sans artifice,
L'auteur me semble encor novice;
Son recueil m'a paru glacé.
Ce feu divin qui te consume,
Qui brûle tout ce qu'il atteint,
Ici dort, languit, et s'éteint,
Sans qu'un vers heureux le rallume.
J'y vois, comme dans maint volume,
Un amant qui toujours se plaint,
Qui par degré jusqu'au délire
Veut s'abreuver de sa douleur,
Puis s'éloigne en touchant sa lyre,
Confidente de son malheur.
Où va-t-il? Faut-il te le dire?
Qui peut l'ignorer aujourd'hui?
Sur un roc désert il a fui.
Là, dans sa sauvage retraite,
La nuit, d'une voix indiscrète
Il chante aux échos réveillés
Des vers constamment publiés,
Ou dont chacun a la recette,
Et que n'avoit point oubliés
L'écho qui toujours les répète.
Il chante quand le jour a lui;
Il chante quand le jour expire:
Ses vers, empreints de son ennui,
Sont attristés de son martyre;
Et je te plaindrois plus que lui,
Si tu t'obstinois à les lire.

P. D.

# LE HUIT.

*Gaillarde.*

## À DE JEUNES IRLANDOISES

QUI M'AVOIENT DEMANDÉ QUELQUES VERS.

S'il m'est doux de vous obéir,
Je l'avouerai, c'est un plaisir
Qui dans cet instant m'embarrasse.
Aisément un autre en ma place
Pour son début vous auroit dit.
Quand Jane fait une demande,
Ou lorsque Maria commande,
C'est aux Graces qu'on obéit.
Non pas moi, ne vous en déplaise;
Vous riez souvent un peu trop
Des compliments à la françoise.
Eh bien! soyez fort à votre aise,
Vous n'en entendrez pas un mot.
Et pour vous tenir ma promesse,
Si, dans la fleur de la jeunesse,
Vous alliez à l'enjouement
Le don exquis du sentiment,
Une douceur enchanteresse,
Un bon cœur, un bon jugement,
Et les vertus et la sagesse;
D'où naîtroit mon étonnement?
Vous tenez tout de votre mère;
Vous n'avez fait que l'imiter;
Et vous avez su profiter
Des sages conseils d'un bon père:
Voilà, je crois, tout le mystère;
Est-ce un sujet de vanité?
Je veux être encor plus sincère,
Blâmant avec rigidité
Votre excessive défiance,
Ou votre amour-propre, irrité
De trouver quelque résistance:
Nous nous y connoissons en France.
Comment? vous voudriez, je crois,
Après un séjour de six mois,
Tout exprimer et tout entendre,
Et même avec un plein succès
Comme un François parler françois.
Donnez-vous donc le temps d'apprendre;
Vous n'êtes qu'aux premiers essais.
Certaine langue naturelle,
Langue énergique en sa douceur,
Et qu'on peut dire universelle,
Seule s'apprend sans professeur,
Sans grammaire ancienne ou nouvelle,
Sans le secours d'aucun auteur:
Vous la connoissez; chaque belle
Entend le langage du cœur.
Mais ce langage, il faut attendre
Un certain temps pour le parler,
Bien qu'on y soit près d'exceller
Dès qu'on commence à le comprendre.
En françois vous parlez trop peu;
Parlez souvent, quoi qu'il vous coûte;
Pour vous cette langue, sans doute,
Ne sera bientôt plus qu'un jeu.
Je le desire, et le redoute.
C'est alors qu'est fixé le jour
Qui tarde à votre impatience,
Et doit vous rendre sans retour
Aux lieux où vous prîtes naissance,
À vos parents, à leur amour,
À la plus pure jouissance.
Les regrets sont une souffrance
Que chacun éprouve à son tour.
Lorsque vous quitterez la France,
Quand ils auront fui loin de vous,
Dans les souvenirs les plus doux
Nous retraçant votre présence,
Ils viendront s'emparer de nous,
Et dans nos cœurs, tyrans jaloux,
Ne laisseront pas l'espérance.

P. D.

## LE HUIT ET DEMI,

particulièrement destiné à la poésie, dans l'in-12.

---

### BOUQUET À MISS JANE* S.

LE JOUR DE SA FÊTE.

Ce bouquet, dans son ordonnance,
Cache un sens que je crois saisir :
Jane, sous votre bon plaisir,
J'en donnerai l'intelligence.

Le symbole de la candeur,
Le lis, toujours cher à la France,
Sans tache, ainsi que l'innocence,
Jane, est moins pur que votre cœur.

La sensitive intéressante
S'observe, et fuit tous les hasards ;
Ainsi se peint dans vos regards
La sensibilité prudente.

Exhalant la plus douce odeur,
Cette rose, fraîche et vermeille,
Est l'emblème de la pudeur,
Dont le fard vous sied à merveille.

L'immortelle, au grave maintien,
Indique la persévérance ;
Vous l'avez, Jane, et dès l'enfance
Vous persévérez dans le bien.

De l'oranger la même tige
Vous offre la fleur et le fruit :
De sagesse jeune prodige,
Vous offrez le même produit.

La pensée est ce qu'on desire
Obtenir quelquefois de vous :
En tout temps, j'oserai le dire,
Pour Jane elle fleurit chez nous.

Si Flore eût eu dans son empire
Un sujet vraiment précieux,
Doux symbole, interprète heureux
Des sentiments que Jane inspire,
Cette fleur seroit sous vos yeux,
Et vous daigneriez lui sourire.
Corrigez le sort envieux ;
Réparez pour nous ce dommage ;
Accordez le même avantage
A ces œillets ambitieux ;
Et recevez en chacun d'eux
Nos respects, nos vœux, notre hommage.

* *Jane* se prononce *Djène*.

P. D.

# LE NEUF.
*Petit Romain.*

## À MISS MARIA S.

Elle est triste, la sœur des Graces;
Ses souvenirs et ses regrets
Dans l'ensemble heureux de ses traits
Du chagrin laissent voir les traces.
Brillant d'un moindre éclat, ses yeux
Souvent se remplissent de larmes.
Amour, Hymen, aimables dieux,
Conservez pour vous tant de charmes.
Venez sur-tout, moments heureux
Qui, la rendant à sa contrée,
Auprès d'une mère adorée
Devez voir comblés tous ses vœux.
Hâtez-vous, moments douloureux
Qui devez nous séparer d'elle.
Oui, l'amitié, tendre et fidèle,
Par un sentiment généreux,
Quand il le faut, se sacrifie.
Ainsi pour vous elle s'oublie,
Et croit prouver sa pureté.
L'intérêt de votre santé
Doit l'emporter sur toutes choses.
Il est temps que les jeux, les ris,
Sur ce teint trop chargé de lis
Reviennent effeuiller des roses.

P. D.

# LE NEUF ET DEMI.

## À UNE DAME

*qui m'avoit demandé d'autres paroles sur un air qui lui plaisoit.*

Bonheur d'aimer, seul tu remplis mon ame;
Un tendre époux a comblé tous mes vœux:
Heureuse mère, et plus heureuse femme,
De mon hymen des fleurs forment les nœuds.

Plaisir d'aimer séduit le cœur volage
Par cet attrait qu'offre la nouveauté;
Bonheur d'aimer est un plus doux partage;
Il est le prix de la fidélité.

Pur sentiment, tu repousses l'envie;
Contre un revers seul tu sais nous armer.
Oui, c'est par toi que je prise la vie;
Que sont des jours sans le bonheur d'aimer?

P. D.

## LE DIX..
*Philosophie*

### A TOI.

Charmant modèle de douceur,
Aimable, vertueuse fille,
Et comme fille, et comme sœur,
Les délices de ta famille;
O toi qui de tes premiers ans
Conserves la candeur, la paix et l'innocence,
Qu'il m'est doux de fêter ton vingtième printemps,
Et le jour fortuné marqué par ta naissance!
D'une main qui t'est chère accepte ce bouquet:
Une même fleur le complète;
C'est la modeste violette,
Aujourd'hui seule admise à parer le banquet.
Je me tairai sur cet emblème;
Vois comme à tes côtés triomphe la raison;
Je saurai m'abstenir, par égard pour toi-même,
De t'assurer l'honneur de la comparaison.
D'un simple aveu du moins souffre que je m'honore:
En toi je n'ai plus rien, non, rien à desirer.
Mais pour toi je desire encore;
Mes vœux s'accompliront; laisse-moi l'espérer.
« Je jouis, me dis-tu, d'un bonheur si facile!
« Pour moi dans aucun temps il ne fut étranger,
« Au sein du paternel asile;
« Contre un sort incertain je crains de le changer. »
Eh! pourrois-tu moins plaire en toute autre famille!
Crois-moi, pour mieux remplir tous les vides du cœur,
Pour bien fixer enfin l'époque du bonheur,
Il faut pouvoir bénir et son fils et sa fille.

P. D.

# LE DIX ET DEMI.

## À M. LACAPELLE,

A L'OCCASION DE SON MARIAGE AVEC MA COUSINE
VIRGINIE BERNARDIN DE SAINT-PIERRE.

Loyal et vaillant chevalier,
Vous qu'une juste préférence
A constitué l'héritier
D'un auteur cher au monde entier,
Et plus cher encore à la France,
Pour un bien de plus d'importance
Qu'immeuble, espèces, mobilier,
Recevez dans votre partage
Son plus cher, son plus bel ouvrage,
Rare et précieux manuscrit,
Autographe, sans contredit,
Où sont empreints à chaque page
Son cœur, son ame, son esprit,
Et de ses traits la vive image.
Qu'il soit à votre libre usage,
Comme il est à votre profit.
C'est à sa compagne chérie
Qu'il a confié ce trésor;

## LE DIX ET DEMI.

Elle a su l'enrichir encor;
Sa tâche est dignement remplie;
Et, par un généreux effort,
Son cœur au vôtre le confie.
Pour le bonheur de Virginie,
Objet de ses plus tendres soins,
Quoi qu'elle ait fait, je le parie,
Vous ne vous proposez pas moins.
Mais pouvoit-elle davantage,
Quand, pour mieux mériter l'hommage
Que nous devons lui rendre tous,
Elle a couronné son ouvrage
Par le choix qu'elle a fait de vous?
Oui, près d'une fille si chère,
En qui tout doit intéresser,
L'honneur même va remplacer
Celle qui remplaçoit sa mère.

P. D.

## LE ONZE,

un peu foible et resserré,
particulièrement destiné à la poésie, dans l'in-8°.

### MON RÊVE.

Que d'autres à Plutus fassent des sacrifices;
Les seuls trésors des champs ont pour moi des délices.
J'habite pour jamais ce séjour enchanté
D'avance par mes vœux si long-temps habité,
Où l'art, se conformant aux goûts de la nature,
Par-tout semble avec elle errer à l'aventure.
Il finit sous ses yeux tous ces riches tableaux
Qu'offrent les bois, les monts, les vallons et les eaux:
Ici sont rapprochés les plus beaux points de vue;
Là mon œil étonné se perd dans l'étendue.
De ces coteaux riants à Bacchus consacrés
Souvent avec plaisir je descends dans les prés
Où des filles d'Io sans doute les plus belles
Pour moi d'un doux nectar vont gonfler leurs mamelles.
Là viennent folâtrer mes pétulants chevreaux;
Là quelques beaux poulains, dans peu coursiers rivaux,
Par de fréquents défis provoquant leur vitesse,
Signalent à mes yeux leur grace et leur souplesse:
Là parfois je surprends au col de mes brebis
L'indice du drap fin dont j'attends des habits.
Tandis qu'autour de moi la famille bêlante
Et prospère et bondit sur l'herbe florissante,

LE ONZE, un peu foible et resserré, pour la poésie.

A l'envi dans les airs s'élancent mes ormeaux;
Par-tout dans mes vergers d'innombrables rameaux,
Fléchissant sous les fleurs, prodigues d'espérance,
À ployer sous les fruits s'accoutument d'avance.
Que le simple manoir dont je suis possesseur,
Rempli de vrais amis, a pour moi de douceur!
Non, jamais sur ce point la maison de Socrate
Ne put valoir la mienne : à bon droit je m'en flatte,
Et, plein d'un juste orgueil à mon bonheur permis,
Je compte au premier rang et ma fille et mon fils.
Qu'ils y viennent souvent contre un plaisir facile
Échanger des plaisirs qu'on achète à la ville;
Dans tout leur appareil, du seul ennui vainqueurs,
Ils pèsent sur les sens, et glissent sur les cœurs.
Dans les champs la gaieté n'est jamais étrangère;
Voyez le bûcheron, le pâtre, la bergère,
Prolonger en chantant leurs travaux et leurs soins:
Tout près de la nature, ils n'ont que ses besoins.
Mais le propriétaire est plus heureux encore.
Il voit dans ses jardins les plus beaux dons de Flore;
Ses légumes, ses fruits, sont pleins de qualité;
Quel arbre vaut pour lui l'arbre qu'il a planté?
Cette onde qui jaillit au sein de mon domaine,
Je la préfère aux eaux que la Seine promène.
Pardonnez, mes amis, vous ne l'auriez pas cru,
Vous m'entendrez aussi vanter le vin du cru.
Mais, sans pousser trop loin un mauvais badinage,
Je vous verse à l'instant du vin de l'hermitage,

LE ONZE, un peu foible et resserré, pour la poésie.

---

Et veux que le champagne, en sortant de prison,
Sur ce propos du moins nous mette à la raison.
Que j'aime à contempler l'éclat des fraîches ondes,
Qui, déployant au loin leurs nappes vagabondes,
Dans les mille détours de leurs flots azurés
Abreuvent lentement mes troupeaux et mes prés,
Puis, cherchant un abri favorable au mystère,
Vont en hâte apprêter un bain pour la bergère!
Peut-être elle y viendra, vers le déclin du jour,
Rêveuse, et n'osant pas s'avouer son amour,
Tenter l'effet douteux d'une eau rafraîchissante,
Pour apaiser les feux dont brûle l'innocente.
J'entends du rossignol le chant mélodieux
Dans les airs retentir; les bois harmonieux
De mille oiseaux divers concentrent l'alégresse;
Tout y frémit d'amour, ou gémit de tendresse;
Rentrons; et, moins distraits, cherchons d'autres plaisirs;
Une autre volupté peut charmer nos loisirs.
Regagnons ce réduit paisible et solitaire,
Des fruits de la sagesse heureux dépositaire,
Où j'admire Fléchier, Bossuet, Massillon,
Où j'entends Bourdaloue, et goûte Fénélon.
Là Corneille, Boileau, Molière, La Fontaine,
Rendoient mon choix douteux et ma main incertaine;
Et je prends au hasard ces auteurs favoris,
Quittés avec regret, avec plaisir repris.
Ici j'ai sous les yeux, près de mon secrétaire,
Jean Baptiste Rousseau, Jean Jacques, et Voltaire;

LE ONZE, un peu foible et resserré, pour la poésie.

---

Là de l'esprit des lois je consulte l'auteur.
Seul Racine est absent. Le sais-je encor par cœur?
Je lui vouai toujours un culte légitime;
C'est l'amour qui forma ce poëte sublime.
Là quels riches tableaux, quels fidèles portraits!
Buffon à la nature a surpris des secrets
Qu'avec un art divin son style me révèle,
Beau comme sa pensée, ingénieux comme elle.
Je vois ici le choix de nos meilleurs romans.
Le Sage, en ton Gil Blas combien de traits charmants!
Et quels drames nombreux contient sa seule histoire!
Du théâtre du monde elle est le répertoire.
Là j'aime à voir Montaigne et l'homme à découvert;
Son doute nous instruit; son exemple nous sert.
Là j'étudie Horace, et je relis Virgile;
Mais par-tout avec moi je promène Delille.
Peut-on aimer les champs sans aimer cet auteur,
Et l'honorable emploi de son vers enchanteur?
Il veut, il a contraint l'art vainement rebelle
De frayer à sa muse une route nouvelle:
Des obstacles divers se jouant en vainqueur,
Il occupe l'esprit pour s'emparer du cœur.
L'Imagination reconnoît son poëte;
La Nature trois fois le prend pour interprète;
Pour la Pitié plaintive il élève la voix,
Et soudain la Pitié rentre dans tous ses droits.
À peine il a parlé, les Jardins s'embellissent,
Les Champs sont habités, leurs possesseurs jouissent.

LE ONZE, un peu foible et resserré, pour la poésie.

---

Aux doux sons de sa lyre, au bruit de leurs succès,
Et Virgile et Milton chantent pour les François;
Et toujours animée, amusante, instructive,
Sa Conversation tient l'oreille captive.
Léger comme Zéphire, et pur comme un beau jour,
Il égaie, attendrit, pleure et rit tour-à-tour.
Mais par son mouvement il échappe au copiste:
Ainsi le cerf bondit, et déguise sa piste;
Ainsi le papillon, voltigeant sur les fleurs,
Soustrait à vos pinceaux ses brillantes couleurs.
Mais quel bruit de ces lieux vient troubler le silence!
Ah! j'entends mon coursier hennir d'impatience;
Son pied frappe la terre, il mord son frein. Holà!
Holà, l'impatient! calme-toi, me voilà:
Viens; soit que de tes pas j'exige la cadence,
Soit que ta course agile abrége la distance,
Partons. Cet exercice entretient ma santé,
Et joint son agrément à son utilité.
Souvent j'erre paisible au sein de la prairie,
Où je proméne au pas ma libre rêverie;
Moins rêveur, mon coursier m'en distrait; et bientôt
Je cède à son desir, et je le lance au trot.
Soudain de ses jarrets la vigueur s'est accrue;
De ses pieds en avant la pose est suspendue;
Il alonge, il étend ses membres assouplis,
Et moissonne les fleurs, sans raser leur tapis.
Mille objets tour-à-tour ont récréé ma vue.
La pudique rosière en passant me salue;

LE ONZE, un peu foible et resserré, pour la poésie.

---

Mon coursier me devine; il a repris le pas;
Et j'admire en passant ses modestes appas.
Tout-à-coup le galop porte ailleurs mon hommage.
D'assez loin je crois voir le curé du village;
Avançons. S'il accepte aujourd'hui mon dîné,
Je sais qu'à l'indigent le sien est destiné.
La veuve, l'orphelin, chérissent sa présence;
Il ne peut les aider que par son abstinence;
Il les aide; et chacun s'incline à son aspect.
   Mais quel objet nouveau m'imprime un saint respect?
Elle est près de ces lieux la sœur hospitalière;
J'ai vu monter au ciel son active prière.
C'est elle, ou sous ses traits l'ardente Charité.
D'un ange elle a pour moi la grace et la beauté.
O charitable sœur, la douce bienfaisance
T'accompagne, ou te suit, jamais ne te devance.
Tu vis pour soulager les malheureux mortels,
Et pour t'humilier au pied des saints autels;
Et là, sanctifiant une vie exemplaire,
Tu reportes à Dieu le bien que tu sais faire.
Mais ce bien est à toi; jouis de ce trésor;
Qu'un siécle de bienfaits soit pour toi l'âge d'or!
Le jour s'éteint; la nuit succéde à sa lumière;
Et du pauvre la sœur visite la chaumière.
Cependant mon coursier, sollicitant ma main,
M'a deux fois du retour indiqué le chemin:
J'y consens; il est tard; regagnons mon asile.
   Est-ce une illusion, une vapeur subtile?

LE ONZE, un peu foible et resserré, pour la poésie.

---

Non: comme un pur rayon de la divinité,
Brille à mes yeux surpris une jeune beauté.
Quelle aimable pudeur! quelle grace ingénue!
Mais son air, son maintien, sa grace m'est connue:
D'où naît à mon aspect son timide embarras?
Descendons; offrons-lui d'accompagner ses pas;
Je pourrai rassurer.... Ciel! quel trouble m'agite!
Son regard enchanteur.... Mon ame est interdite:
Ce regard éloquent sans détour a parlé;
Le secret de son cœur m'est enfin révélé!
Sans doute elle aimera la douce solitude,
Le calme heureux des champs, et celui de l'étude;
Mes plaisirs vont s'accroître, ils seront partagés!...
Mais elle a d'autres goûts. Ah! les miens sont changés.
Adieu, riants coteaux, prés fleuris, onde pure,
Dont j'aimois la fraîcheur, la fuite, le murmure.
Lieux si chers à Pomone, à Cérès, à la Paix,
Sa main sur vos beautés a mis un voile épais:
Vous n'avez plus de charme enfin qui me retienne;
Mon ame toute entière a passé dans la sienne;
Et respirant par elle, et voyant par ses yeux,
J'ai dû quitter l'Éden pour m'élever aux cieux.

Mais ma paupière se soulève;
Je te vois fuir, songe enchanteur.
Reviens, si ce n'est plus qu'en rêve
Que je dois renaître au bonheur.

P. D.

## LE ONZE.

Cicero

# LES DEUX PETITS CHATS,

## FABLE.

À LISE ET À CAROLINE.

Deux jolis petits chats, d'un âge différent,
L'un encor très petit, et l'autre un peu plus grand,
Tantôt innocemment s'enlaçoient de leurs pattes,
Tantôt, à leurs ébats donnant un libre cours,
S'attaquoient, se fuyoient, s'attendoient aux détours,
Déployant dans leurs jeux leurs graces délicates,
Et faisant, comme on dit, la patte de velours,
    Assez souvent, mais pas toujours.
    J'ai dit deux chats, c'étoient deux chattes;
Les chattes quelquefois font aussi de leurs tours.
Souvent la plus petite, ou, si l'on veut, l'espiégle,
    S'échappoit par sauts et par bonds,
    Suivoit son caprice pour régle,
    Et, dans ses élans vagabonds,
Heurtoit fort rudement sa sœur, qui, plus paisible,
Et plus grande, déja s'occupoit d'autres soins,
Jouoit parfois encor, mais jouoit beaucoup moins.
Le repos pour l'espiégle étoit chose impossible;
    Ce seul mot l'impatientoit.
    Je veux jouer! lui disoit-elle.

## LE ONZE.

Mais enfin nous avons assez joué, ma belle;
Prends donc quelque repos. Une tape attestoit
Que du refus la belle étoit très mécontente.
    Sa griffe, il est vrai, peu tranchante,
Ne laissoit point de trace, et pourtant molestoit.
    Or tandis qu'on se disputoit,
Qu'on faisoit en grondant mainte et mainte grimace,
Inquiète, la mère interrompit la chasse
    D'une souris qu'elle guettoit,
Quand déja la plus grande, en signe de menace,
Levoit la patte en l'air à son tour.... Mais soudain:
Est-ce à moi de punir cette folle charmante,
Bien vive, j'en conviens, mais encor plus aimante,
Qui peut se corriger, que sait-on? dès demain.
Et que lui faudroit-il pour être toute aimable?
Plus de calme. À son âge, est-on bien raisonnable?
Si j'ai plus de raison, je dois mieux en user:
    Soyons indulgents pour les autres;
Chacun a ses défauts: corrigeons-nous des nôtres;
    C'est à ce but qu'il faut viser.

P. D.

# LE ONZE ET DEMI.

## ÉPITRE
## A M. LE COMTE D**.

En foule aux portes du trépas
Entraînant tout ce qui respire,
L'effort d'un invisible bras
Sans choix précipite nos pas,
Et sans pitié nous plonge, hélas!
Au fond du ténébreux empire.
Déja de ses plus rudes coups
Le Sort, dans sa fureur jalouse,
En terrassant ta tendre épouse,
T'a frappé, trop sensible époux.
Mais, ta fin fût-elle prochaine,
Ton sort au sien fût-il lié,
De tous ceux qu'en sa douce chaîne
Sur ton cœur retient l'amitié,
Peut-être avant toi la moitié
Aura vu le sombre domaine.
Tel est le destin des mortels.

## LE ONZE ET DEMI.

Eh! pourquoi défier l'orage?
Armé du plus ferme courage,
Tu voulus, au pied des autels,
Trompant ton douloureux veuvage,
Accompagner de froids débris,
Pour toi sacrés, de toi chéris;
Et, rouvrant encor ta blessure,
Tu vins, suffoqué de sanglots,
Jusqu'au lieu de la sépulture,
Mouiller des pleurs de la nature
Le champ stérile du repos.
Son ombre alarmée en murmure.
C'en est trop; ton sublime effort,
D'un amour constant noble gage,
Jusqu'en la coupe de la mort,
De la mort a bu le breuvage.
Rends enfin le calme à tes sens;
Cède aux vœux, entends les accents
De la douce voix qui t'implore:
Oui, par la voix de tes enfants
C'est elle qui te parle encore.
Dans l'ensemble heureux de leurs traits

## LE ONZE ET DEMI.

Reconnois l'empreinte légère
De tant d'ineffables attraits
Dont ne s'enorgueillit jamais
Ton épouse, hélas! passagère.
Toute entière aux soins attachants
De la tendresse maternelle,
Tu vis avec quel noble zèle
Elle sut, dès leurs premiers ans,
Les plier à ses doux penchants,
Et former leurs cœurs innocents
Aux vertus, qui brilloient en elle:
Mets donc à profit les instants;
Achève avec des soins constants
L'ouvrage auguste de leur mère;
Ces soins, le succès, et le temps,
Rendront ta douleur moins amère.

Prenant pitié de nos regrets,
De nos maux, de notre misère,
Un dieu, pour consoler la terre,
Y sema des plaisirs secrets,
Dont tu découvris le mystère

## LE ONZE ET DEMI.

Sous l'enveloppe des bienfaits,
Dans les nœuds, dans les soins discrets
D'une amitié pure et sincère,
Dans l'étude et sa douce paix.
Mais ces plaisirs et leurs attraits
Ne sauroient balancer jamais
Les jouissances d'un bon père
De qui la famille exemplaire
S'élève, s'instruit et prospère,
Au gré de ses justes souhaits.
Tu l'éprouveras, je l'espère.
Tu le sais, interprète heureux
De toutes les beautés d'Horace,
Les forts sont nés de forts comme eux;
Des coursiers les fils généreux
Respirent le feu de leur race;
Et l'aigle altier, qui dans l'espace
Se perd, et plane au haut des cieux,
A ses aiglons audacieux
Transmet sa force et son audace.

P. D.

## LE DOUZE.
S^t Augustin

# VERS

*A l'occasion du portrait de* M. BRASSIN, *(Pépiniériste à Bruyère-le-Châtel) peint par madame Villers.*

C'est bien lui; la toile est parlante;
C'est Brassin, cet homme excellent,
Lui, dont l'art, le soin vigilant,
Lui, dont la culture savante,
Que Vilmorin admire et vante,
Sait, comme par enchantement,
Forcer la terre obéissante
A nourrir sans ménagement
Le rare développement
De ces végétaux qu'elle enfante,
Et l'arbre, et l'arbuste, et la plante,
Et cette récolte abondante
De fruits, tous beaux également
Dans leur espèce différente,

LE DOUZE.

D'un goût fin surpassant l'attente,
Des regards doux étonnement.
C'est lui, dont le délassement
Est un acte de bienfaisance,
Qui, pour secourir l'indigence,
Jour et nuit sans retardement
Va porter au lit de souffrance
Quelque utile médicament:
Mortel bien digne assurément
De trouver pour sa récompense
Cette douce reconnoissance,
Don du Ciel, noble sentiment,
Seul trésor, dans son dénuement,
Que le pauvre ait en sa puissance,
Et qu'il prodigue rarement.
Nous l'avons vu plein d'énergie,
D'un bras actif et vigoureux,
Deux fois ravir à l'incendie
L'humble asile du malheureux,
Et, bravant la flamme en furie,

## LE DOUZE.

Tout près de payer de sa vie
L'un de ces efforts généreux.

Que du Ciel la bonté propice
Veille sur ton simple manoir,
Disons plutôt sur cet hospice
Où chaque blessé, plein d'espoir,
Attend que ta main le guérisse,
T'adresse des vœux, et croit voir
La vertu même en exercice,
Tant tu fais sentir son pouvoir!
Toi qui réglant avec justice
Tous différents, sans en avoir,
D'un juge éclairé fais l'office,
Mets en jour et fais prévaloir
Le droit qu'obscurcit l'artifice,
Vis en sage, sans le savoir,
Comptes pour rien tout sacrifice,
Et crois ne remplir qu'un devoir.

P. D.

# LE TREIZE.

## ÉPITHALAME,

A L'OCCASION DU MARIAGE
DE MA NIECE EUGÉNIE DIDOT
AVEC M. ALEXANDRE CHALLAYE.

Nouvel époux, belle Eugénie,
De vos parents la main chérie,
Qui déja vous a fait cueillir
Les fleurs du printemps de la vie,
A son banquet digne d'envie
S'empresse de vous réunir.
Là se rencontrent quelques sages,
En petit nombre, comme ailleurs,
Qui, sans défier les orages,
De loin contemplent les naufrages,
Et du port goûtent les douceurs.
  Le cœur ému, l'ame attendrie,
Déjà les auteurs de vos jours,

LE TREIZE.

Conjurant la mélancolie,
La défiance et ses détours,
La froideur, et la jalousie,
En ont confié l'heureux cours
A l'Hymen sensible, aux Amours,
A la raison, à la folie:
Heureux qui sait régler toujours
Leur accord, leur douce harmonie!
Là, des dieux respirant la vie,
L'Hymen, par sa fécondité,
L'Hymen, que mon cœur déifie,
Entretient, augmente, et varie
L'amour, l'espoir, et la gaieté;
La douce paix, la liberté,
Y président de compagnie,
Versant, offrant de tout côté
Et le nectar et l'ambrosie.
Comme, après un beau jour d'été,
La nuit, plus calme et non moins belle,

## LE TREIZE.

Se couvrant d'un voile argenté,
Laisse encor douter si c'est elle,
Quand, d'un élan précipité,
L'astre du jour, qui se révèle,
De nouveau répand la clarté;
De même, et l'image est fidèle,
Tout, à ce banquet enchanté,
Se consomme, se renouvelle,
Se confond dans la volupté.
Sur l'aile des Plaisirs porté,
Là, le Temps, doucement flatté,
Cache, en fuyant, sa faux cruelle,
Et, malgré sa rapidité,
Semble à peine agiter son aile.
Ce banquet de félicité
Est celui des dieux, ce me semble:
C'est pour vous qu'il est apprêté;
C'est à vous d'y régner ensemble.

P. D.

LE QUINZE.

Cotte épître se trouve en tête de mon édition in-folio des œuvres de Boïleau, en deux volumes, tirée seulement à 125 exemplaires, dont Sa Majesté a daigné agréer la dédicace.

# AU ROI.

SIRE,

D'un monarque guerrier, l'un de tes fiers aïeux,
Despréaux a chanté le courage indomptable,
La marche menaçante et le choc redoutable,
Les assauts, les combats, et les faits merveilleux.
LOUIS, applaudis-toi d'un plus heureux partage.
Plus beau, plus fortuné, toujours cher à la paix,
Ton règne ami des lois doit briller d'âge en âge;
Tous nos droits affermis signalent tes bienfaits.
Le ciel t'a confié les destins de la France:
Qu'il exauce nos vœux, qu'il veille sur tes jours!
De ta carrière auguste exempte de souffrance
Que sa bonté pour nous prolonge l'heureux cours!

## LE QUINZE.

Long-temps avec orgueil vois tes titres de gloire;
L'union des François, et leur prospérité;
Vois sur le sol des lis et de la liberté
Descendre en ton honneur la muse de l'histoire;
Vois fleurir le commerce, et nos arts triomphants
Par un charme vainqueur assujettir la terre;
Vois tes nombreux sujets transmettre à leurs enfants
Leur respect pour un roi, leur amour pour un père.

P. D.

LE DIX-HUIT.

*Petit Parangon.*

Cette épître se trouve en tête de mon édition in-folio de la Henriade, tirée seulement à 125 exemplaires, dont S. A. R. Monsieur a daigné agréer la dédicace.

# À S. A. R. MONSIEUR.

Frère et fils de nos rois, dont les fils aujourd'hui
Du trône et de l'état sont l'espoir et l'appui,
Entouré de l'éclat de ton nom tutélaire,
J'offre avec quelque orgueil cet œuvre de Voltaire,
Ce poëme immortel qui du meilleur des rois
A l'amour des Français éternise les droits.
Pour ce héros vaillant, humain, et magnanime,
Du monde entier Voltaire a captivé l'estime;
Et par-tout on bénit un roi si généreux,
Qui vécut pour son peuple, et sut le rendre heureux.
C'est ainsi que Henri, digne d'un tel hommage,
Voyait par-tout les cœurs voler sur son passage...
D'un spectacle si doux toi-même as pu jouir;
La France sur tes pas s'empressa d'accourir;

Le peuple des cités, le peuple des campagnes,
L'habitant des châteaux, le pâtre des montagnes,
De citoyens émus des flots respectueux,
Femmes, vieillards, enfants, t'entouraient de leurs
voeux.
Devant toi s'inclina cette famille immense,
Que l'aspect d'un Bourbon remplissait d'espérance.
Tu découvris ce front empreint de majesté;
Chacun y lut, *Valeur, amour, et loyauté.*
Ton air franc, noble et doux, cette grace touchante
Qui dispose, prévient, séduit, attire, enchante,
Pénétrait dans les cœurs ouverts de toutes parts,
Et la publique joie enivrait tes regards.
Mais toi, de cet accueil, au fond d'un cœur sincère,
Tu reportais l'honneur à ton auguste frère,
Ce roi clément et sage, et toujours plus chéri,
Qui pour tous ses sujets a le cœur de Henri.

P. D.

## LE VINGT ET UN.

*Couplets chantés par une des élèves*
*DE MADAME HÉMART,*

DONT LE PENSIONNAT EST ÉTABLI RUE DE LA PÉPINIÈRE.

Un beau modèle est sous nos yeux;
C'est Minerve, c'est la prudence:
Qu'il seroit pour nous glorieux
D'en bien prendre la ressemblance!
Saisissons cet ensemble heureux,
Et ces détails remplis de grace:
Le succès, quoique un peu douteux,
Peut favoriser notre audace.

Oui, Madame, à la Vérité
Rendons cet hommage sincère,
Nous trouvons en vous la bonté
Et les tendres soins d'une mère.

## LE VINGT ET UN.

En vous nous sentons le pouvoir
De la raison, de la sagesse;
L'esprit, les talents, le savoir,
Font les droits de notre maîtresse.

À nos leçons comme à nos jeux
Vous semblez toujours vous complaire;
Pour nous, d'un travail épineux
Nous aimons bien à nous distraire:
L'esprit cherche à se divertir;
Mais le cœur a plus de constance;
Les nôtres sauront vous chérir
Sans prendre un seul jour de vacance.

P. D.

www.ingramcontent.com/pod-product-compliance
Ingram Content Group UK Ltd.
Pitfield, Milton Keynes, MK11 3LW, UK
UKHW022129190726
13855UKWH00003B/1088